幸せな国・デンマークでの気ままな生活

# 北欧、暮らしてみたらこんな感じでした

Inko Higurashi
日暮いんこ

大和出版

# はじめに

## 「ほっこりした安らぎ」は、
## ごく普通の暮らしの中にあった

「北欧の暮らし」と聞いて、あなたは何を思い浮かべますか?

　おしゃれなインテリア? 壮大なフィヨルドの風景? それとも、幸せそうな笑顔の人々?

　確かに、そういった魅力的な側面もあります。でも、実際の日常はもっと身近で、さりげないものかもしれません。

　はじめまして、日暮いんこと申します。ここで少しだけ、自己紹介をさせてください。

　現在、デンマークで暮らしながら、フリーランスのライター、イラストレーターとして活動しています。日本生まれ、日本育ち。デンマークに移住する6年前までは、東京でごく平凡な会社員生活を送っていました。

　なんの変哲もないような日々だったのですが、私は持ち前の考えやすく落ち込みやすい性格をこじらせ、「私の人生、このまま特に好きなことや趣味もなく、好きでも嫌いでもない仕事に人生の大半の時間を使って、残りはそのストレス解消に使っ

て……、の繰り返しで終わっていくのかな」なんて、ぼーっと考えつつ、とはいえ何かを変える勇気も出ず、モヤンとした生きづらさを適当に紛らわせる日々が続いていました。

　そんなある日、『THE LITTLE BOOK OF HYGGE』(Meik Wiking 著／penguin UK 刊)という本に出会います。
　そこには、北欧、そしてデンマークの人々が「ほっこりした安らぎ」を大切に、心地よい生き方・暮らし方を追求しているということが語られていました。
「私がずっと探し求めていたのは、こういう生き方かもしれない！」と衝撃を受け、さらに「どこか遠くへ行きたい……」的な気持ちも相まって、まずは留学という形から移住を決意。

　それから6年ほど経ち、いまだにこのデンマークという国に居候しています。長すぎず短すぎない歳月の中、多くの出会いに恵まれ、私なりに、人生を望む方向へ転換させることができました。

2023年にはその過程をまとめた拙著『北欧時間』をたくさんの方に手に取っていただくという機会に恵まれ、身に余る反響に、感謝してもしきれません。

　前作『北欧時間』では、「世界一幸せな国々」の人々から学んだ心豊かな生き方と、私のその実践方法について紹介したのですが、読者様から「もっと普段の日常を知りたい！」という嬉しいコメントを多数いただきました。

　確かに、私が北欧への移住を考えていた当時も、国全体としての幸福度の高さの秘密や、おしゃれな街、観光スポットにも魅力を感じていましたが、何よりも一番興味を惹かれ、実際に現地へ行ってみないとわからないなと感じていたのは、北欧の人々の、ありのままの日常の姿でした。「朝起きてから夜寝るまで、どんな暮らしをしているのか、料理はどうしているのか、洗濯はどうしているのか」といった何気ないことが知りたかったのです。

　本書は、そんな疑問に答えるべく、私の北欧での日々をあり

のままにお伝えするものです。

　得意気に書くようなことではありませんが、私は特筆すべき特徴もないような、ごく普通のアラサー日本人です。
　家にいることが好きで、かといって丁寧でおしゃれな暮らしをしているわけでもなく、友人が多いとか特別なキャリアがあるわけでもなく、よって驚くようなレア体験もほとんどありません。
　そのため、この本には、そういったすごいエピソードの代わりに、あなたがもし北欧に住むことになったとしたら遅かれ早かれ経験するであろう、日常のありふれたエピソードが詰まっています。

　家でのんびり過ごす時間、友人とのカフェでの会話、時に感じる文化の違い……。
　==そんな普通の日々の中で見つけた「ほっこり」や「へぇ〜」、「クスッと笑える」トピック、そしてそこに潜む、穏やかな暮らしの小さな喜びや、さりげない幸せをあなたと分かち合えた==

<mark>ら嬉しいです。</mark>

　まるで自分が住んでいるような、あるいは身近な友人の暮らしを覗き見るような感覚で、遠く離れた国での日常を知ることができる。そんな本を目指して書きました。

　北欧の人々が大切にしている「ヒュッゲな時間」「シンプルで豊かな暮らし方」を感じ、同時に「こんな暮らし方、あるんだ」「日本と違う普通があるんだ」ということを発見してみてください。

　その発見が、あなたの肩の力をふっと抜き、毎日にほんの少しの「ほっこり」をもたらしてくれることを願っています。

日暮いんこ

| 北欧、暮らしてみたらこんな感じでした　目次 |

はじめに 「ほっこりとした安らぎ」は、ごく普通の暮らしの中にあった

## PART 1
# 北欧で暮らす私のゆるい24時間
～なんでもない日の朝起きてから夜寝るまで～

### ●8:00　起床、朝の支度
朝散歩でいい気分 ―― 18
コーヒーがぶ飲み ―― 20
朝ごはんはSkyr ―― 22
北欧溶け込みファッション（カジュアル編）―― 23
ちょっといいもの編 ―― 26
アクセサリー編 ―― 26
雨の日編 ―― 27

### ●9:00　デンマーク語レッスン
デンマーク語は簡単？ ―― 28
デンマーク語でありがとう ―― 30
適当なデンマーク語 ―― 31

- ●10:00　家を出る
  - すごいぞ、イエローカード ───── 32
  - ゴミ出し天国 ───── 34
  - 通勤は自転車レース ───── 35
  - いざ！ マイカー出勤 ───── 38

- ●10:30　ミーティング
  - 残業しない働き方 ───── 40

- ●12:00　ランチ
  - 国民食・スモーブロー ───── 44
  - 落とし前ケーキ ───── 46
  - 逆・バースデーケーキ ───── 48

- ●16:00　退勤
  - 仕事はあくまで生活の一部 ───── 50

- ●16:30　スーパーへ買い出しに
  - レストランは特別なときだけ ───── 52
  - オコローギスクマーク ───── 54
  - 鶏の幸せは買えるのか ───── 58
  - ペットボトルのデポジット制 ───── 60

- ●17:00　夕食・家事
  - オーブンにぶち込み完成ごはん ───── 62

レシピ通りに作らない ―― 64
どうでもいい私の洗濯事情 ―― 66

● 20：00　寝る時間までダラダラ
ネット通販奮闘記 ―― 68
テレビで近所の人を応援 ―― 72

● 23：00　寝る支度
スキンケア事情 ―― 74
ゆすがない！ 北欧式歯磨き ―― 76
<u>COLUMN1</u>　「頑張りすぎ」から気まま生活へ

PART2
# 北欧で暮らす私の春
～ふらりと出かけたくなる、心が躍る季節～

小鳥を愛でたい ―― 84
馬もペット？ ―― 85
ハリネズミと野うさぎ ―― 88
にんじんがおやつ ―― 90
シナモンまみれの25歳未婚 ―― 91
非・ロマンチックなデート文化 ―― 94
改札機がない！ ―― 96
カフェでカルダモンスヌア ―― 98

ゆるりと、コペンハーゲン空港 ──── 102
長距離移動何する問題 ──── 104
伝説のおしゃれスーパー ──── 108
レゴの国 ──── 109
<u>COLUMN2</u>　シン・頑張り方

PART3
# 北欧で暮らす私の夏
～サマーバケーションは、のびのびマイペース！～

夏休みは何週間取る？ ──── 116
質素な贅沢？ サマーハウス ──── 118
冷たいボウルへの熱烈な愛 ──── 120
ツールドフランス、のんびり観戦 ──── 122
高級ジャガイモの世界 ──── 124
はじめての「Burning Love」 ──── 126
アイスクリームワゴンが来た！ ──── 127
デコトラックは成長の証 ──── 129
小さくても強烈においしい、いちご ──── 130
年中半袖Tシャツ（屋内に限る） ──── 131
<u>COLUMN3</u>　頑張らないことを決める

PART4
# 北欧で暮らす私の秋
~まったりモードで過ごしたい、映画&ゲームの季節~

- デンマーク映画ってこんな感じ！ ——— 138
- デンマーク版GTO ——— 140
- 金曜日はグミ買いまくる日 ——— 142
- リコリス依存症への扉 ——— 143
- チョコレートは、マラブ！ ——— 146
- デンマーク王の虫歯 ——— 148
- 敬語がない！ ——— 150
- ヤンテの掟をどう思う？ ——— 152
- ヤンテの掟、実践編 ——— 154
- デンマーク発！ボードゲーム ——— 156
- <u>COLUMN4</u>　楽しくするために何ができる？

## PART 5
# 北欧で暮らす私の冬
## ～寒さの本番、ほっこりヒュッゲで冬ごもり～

- 暗い冬とポケット太陽 ……… 164
- ビタミンD、足りていますか？ ……… 168
- カフェで放置されたベビーカー ……… 170
- カウントダウンキャンドル ……… 174
- カウントダウンしまくろう ……… 175
- スパイス香るホットワイン ……… 176
- クリスマスランチは7時間 ……… 179
- 年越しの必須TODO ……… 181
- 恐怖のアマチュア花火大会 ……… 182
- <u>COLUMN5</u>　私にとっての「ヒュッゲ」とは

おわりに　「ヒュッゲ」はすぐそばに

イラスト・写真／日暮いんこ
本文DTP／ライラック

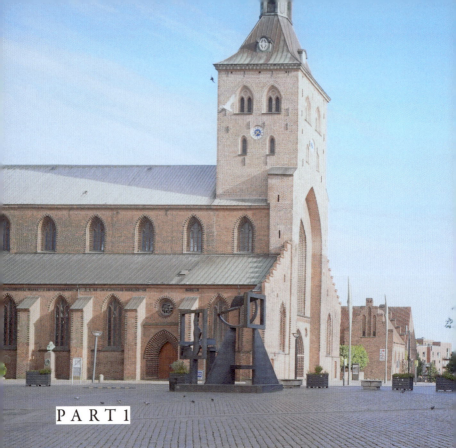

PART1

# 北欧で暮らす
# 私のゆるい24時間

〜なんでもない日の
朝起きてから夜寝るまで〜

> 8:00 起床、朝の支度

# 朝散歩でいい気分

　朝、時間に余裕があればゆっくり散歩をするようにしています。最初は朝の光で体内時計を整えるため（昼夜逆転生活から脱するため）、周囲のすすめでしぶしぶはじめたのですが、今では趣味となっています。

　新鮮な空気を吸いながらぼーっと歩く贅沢を味わうと、気分がよくなり、いい1日になりそうな気がしてきます。

　北欧の街中には、よく整備された緑豊かな公園が設けられていることが多く、朝や休日、仕事の合間に自然の中でリフレッシュする時間をとっている人をたくさん見かけます。

　そしてそういう場所には、絵本に出てきそうな小さな湖がよくあり、白鳥や鴨がいたりして、そのかわいさに癒されます。

　さらに気分を上げていきたいな、というときには、そこに鳥のエサを持って行けば完璧です。瞬く間に大人気になれ、承認欲求を満たすことができます。

PART1　北欧で暮らす私のゆるい24時間

# コーヒーがぶ飲み

　とある統計（2016年のInternational Coffee Organizationの調査）によると、1人当たりのコーヒーの年間消費量ランキングは、1位フィンランド、2位スウェーデン、3位アイスランド、4位ノルウェー、5位デンマークと、北欧諸国がトップを独占しています。その消費量は世界平均の約3倍にものぼるとか！　北欧の人々のコーヒー愛の強さがうかがえます。

　確かに、朝も昼も、結構遅い夜でも、カフェインを気にせず麦茶のようにがぶ飲みしているのを見かけます。

　学校や会社でも、長めのミーティングの際には、テーブルの真ん中にコーヒーの大きなケトルと大量のマグカップが置かれていることがよくあります（自由に自分で注いで飲む制度）。コーヒーがあることで少しリラックスした雰囲気になるのがいいのだとか。

　日本のビジネスシーンにおいても、お客さんに温かい緑茶やコーヒーをすすめることがあるので、それと同じ感覚でしょうか。

PART1　北欧で暮らす私のゆるい24時間

# 朝ごはんSkyr

「Skyr（スキール）」は、アイスランド発祥の伝統的な乳製品ですが、そのおいしさとヘルシーさから、北欧全域で近年大人気・新定番となり、ヨーグルト界隈を席巻しています。

　ギリシャヨーグルトに似ていますが、より水分が少なく、カツッとしていて濃厚で、酸味が控えめな優しい味わいが特徴です。脱脂乳を長時間発酵させて作られるため、高タンパク・低脂質。製造過程において布で濾すため、厳密にはチーズの仲間とされます。最近は日本の一部のスーパーでも取り扱いがあるようです。ヘルシーなおやつや朝食にいかがでしょうか。

# 北欧溶け込みファッション

**(カジュアル編)**

おしゃれしたい気持ちよりも、面倒くささのほうが勝つ日は、もう「周りから浮かなければそれでいいや」くらいの適当さで、ババッと洋服を選びます。そのときのポイントは「地味色、シンプル、動きやすい」です。

フィンランドの「Marimekko」や、デンマークの「GANNI」などのブランドの影響から、北欧ファッションには大胆でカラフルなイメージがありました。

確かに、パーティーや夏日の街中であれば、そういう服もよく見かけるのですが、日常生活で北欧の人々が着ているのはもっぱら黒、茶など、無難な色。冒険心よりも、実用性重視。

日本よりも流行の移り変わりが激しくなく、こだわりの「マイ定番スタイル」優先で、同じものを長く着ている人が多い印象です。

　それから、仕事に着て行くのは、リラックス気味なビジネスカジュアル。スーツ姿の人は日本と比べると、かなり少ない様子。ヒールは日本から持ってきたものの、一度も履いていないかもしれません。特にピンヒールは石畳に挟まり、自転車も漕げないということで「非・実用的」であり、あまり好まれません。足元はだいたいスニーカーやフラットシューズです。

　ほかにも、冬場は外の気温（ダウン必須）と屋内の気温（半袖でOK）の差が大きいので、重ね着上手になる必要があります。

　つまり言ってしまえば、北欧の街へ無難に溶け込むには、毎日全身ユニクロスタイルが、あらゆる面で非常にちょうどいいと私は気づいてしまいました。

PART1　北欧で暮らす私のゆるい24時間

## ちょっといいもの編

　友達が着ていてすごく素敵だったので、どこで買ったのか教えてもらったニットは「ANDERSEN-ANDERSEN」のものでした。
　海洋国のデンマーク。厳しい冬の海に出る漁師さんのために考えられたデザインと製法のこのニットは、とても暖かく丈夫なのだそう。
「夜の航海で暗い中でも着られるように、前後ろがないデザインなの！」とくるくる回して着て見せてくれる様子がかわいかったです。

## アクセサリー編

　日本でもセレクトショップでまれに見かける、デンマークのアクセサリーブランド「MARIA BLACK」。北欧らしい、シンプルで大胆なデザインが人気です。
　このブランドの極小ピアスを軟骨につけている広告がすごくかわいくて、一大決心をし、痛みに耐え、私も軟骨にピアス穴を空けたのですが……。おしゃれ偏差値が追いつかず、その穴の存在とメンテナンスを忘れているうちに、ほぼ使わないままピアス穴は塞がりました。

PART1 　北欧で暮らす私のゆるい24時間

# 雨の日編

　雨の日は大抵強風も伴うので、傘をさすよりもレインコートを着る人が多いです。

　これまたデンマークのブランド、「RAINS」のレインコートを着て出かけると、全く同じ服を着た人に1日に何回も出くわします。

　あなたが強風や雨にも負けず、自転車に乗り、普段どおり通勤したい猛者である場合、ズボンの上に着るレインパンツもマストアイテムです。

> 9:00 デンマーク語レッスン

# デンマーク語は簡単？

　デンマーク語の読み書きは、実は簡単。単語、文法ともに英語ととても似ています。しかしながら、聞き取りと発音が絶望的に難しいのです。

　オーフス大学の研究によると、デンマーク語には母音が 40 個もあるそう（日本語はあいうえおの 5 個）。さらに、全音節の約 4 分の 1 を省略しているらしく、これを大雑把に例えると「いらっしゃいませ」と文字で書いてあっても、「らっしゃっせ～」と発音するイメージです。よって、文字では知っている単語でも、全く聞き取れなかったりします。

　そして、デンマーク人の特に若い人はほぼ全員と言っていいほど、みんな流暢に英語を話します。すると、例えばレストランなどで、下手なデンマーク語を話すと気を遣ってもらえ、英語に切り替えてくれたりします（大変ありがたいのですが、ほのかに悲しい瞬間です）。日常生活を送る上で、英語だけでほとんど不便しないゆえ甘えてしまい、私のデンマーク語は一向に上達していません。で、ですが、いつかは……（遠い目）。

PART1　北欧で暮らす私のゆるい24時間

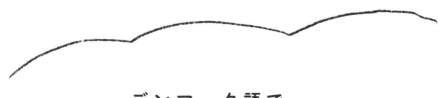

# デンマーク語で
# ありがとう

Tak（タック）→ありがとう

Mange Tak（マンゲタック）

→どうもありがとう

（直訳：たくさんのありがとう）

Tusind Tak（トゥーセンタック）

→どうもありがとう

（直訳：千のありがとう）

Tak skal du have（タックスキャドゥへ）

→どうもありがとう（ございます）

Tak for i dag!（タックフォーイデー！）

→今日はありがとう！（ございました）

（職場などで「お疲れ様でした」的な感じ）

# 適当なデンマーク語

　最近、デンマーク語の動物のネーミングが雑であると、若干話題になっていました。そんな、ゆるい名前を一部ご紹介します。

　**サイ**→ næsehorn（直訳：鼻ツノ）

　**スカンク**→ stinkdyr（直訳：臭い動物）

　**タコ、イカ**→ blæksprutte（直訳：黒いのを吐くやつ、イカもタコも同じ単語）

　**トカゲ**→ firben（直訳：4つの脚）

> 10:00 家を出る

# すごいぞ、イエローカード

　外出時はいつもお財布に入っている黄色いカード、これは日本でいうマイナンバーカードで、通称・イエローカードです。
「行政のデジタル化率、世界ナンバーワン！」を誇るデンマーク。あらゆる個人データはこのイエローカードに記されている個人番号にギッチリと紐づいており、身分証明書としてはもちろん、銀行口座の情報、病院の通院履歴に処方箋情報まで入っているほか、図書館での本の貸し出しカードとしても機能します。

　ちなみに、この間私はバスでチェックイン（96ページ参照）をするのをうっかり忘れてしまい、このカードをスキャンされ、口座から罰金が自動的に引き落とされました。

PART1　北欧で暮らす私のゆるい24時間

# ゴミ出し天国

　海外の友人が日本に来て、ボソッと言ってくる不満ナンバーワンは、街中にゴミ箱が少ないということです（私調べ）。

　そういうだけあって、こちらは街中にも公園にもゴミ箱がたくさん。家の外にもほぼ必ず共用の、24時間出せるゴミ捨て場が。しかもこのゴミ箱、小さく見えて実は地下深くまで穴が空いており、ほぼ無限にゴミが入る優れモノ！　帰国した際に恋しくなるのはゴミ箱かもしれません。

PART1　北欧で暮らす私のゆるい24時間

## 通勤は自転車レース

　2021年時点のコペンハーゲン市のデータによると、市内では毎日約1.45百万キロメートル、地球約36周分の距離が自転車で移動されているそう！

　ラッシュアワーである、朝8時ごろと夕方4時ごろには、自転車レーン（車道とは別に自転車専用の道や信号、専用の橋まで完備！）はライダーたちでパンパンに埋め尽くされます。しかも走行スピードが異様に速いため、その様子はもはや自転車レースのようです。

# いざ！　マイカー出勤

　いざ、自転車レース参戦！　かと思いきや、万年体力不足の私は車で出勤です（そうして悪化し続ける体力不足）。

　最近ついにマイカーをゲットしました！　デンマークでは自動車税が猛烈に高く、例えば同じ車を日本で買うのと比べると、倍くらいの価格になってしまいます。ゆえに、小さくてレトロなマニュアル車が街中に多く、私が手に入れたのもそんな車です。

　免許をとって以来、オートマ車にしか乗っていなかったので、いざ乗りはじめると一苦労。エンストのトラウマに怯えながら、慣れない左ハンドル右車線、似ているけど少し違う標識、環状交差点の連続、速めの法定速度！（高速道路では時速130kmまで！）。目的地（車で5分の図書館）に着いたころには目がギンギンに血走り、脚はガクガク震えていました。

　ちなみに、デンマークで使える国際免許証は、日本で、日本の免許証をもとに申請手続きをすれば、追加検査はなく、即日すぐに受け取ることができました。

PART1　北欧で暮らす私のゆるい24時間

> 10:30 ミーティング

# 残業しない働き方

　デンマークの人々の働き方を見ていつも感心するのが、そのメリハリの上手さです。終業時間がはっきりと決まっており、効率的に働き、定時に帰宅するのが「普通」。

　日本では、残業したり、仕事を家に持ち帰ったりするケースが「普通」であることが珍しくありません。

　デンマークの一般的な会社では、多くの人が4時ごろには帰宅し、家族と過ごすことや趣味に時間を充てています。常に残業している人がいれば、それは「普通ではない」状況。問題視され、改善が求められます。

　そうして1人ひとりがより充実したプライベートな時間を過ごし、その結果として仕事においても高いパフォーマンスを発揮するという好循環が生まれているように感じます。

　私自身、日本でのOL時代、そして実は今でも、フリーランスの仕事のときは終業時間を特に決めずに、つい「この仕事のキリのいいところまで」なんて曖昧な目標で、ダラダラと長時間労働をしてしまうことがよくあります。そうすると、仕事と休憩の境目が曖昧な時間も増えていきます。

PART1　北欧で暮らす私のゆるい24時間

懲りずに長時間労働をしてしまうのは、仕事がノッているときであれば、それでも頑張れたという満足感があり、楽しかったりするからだと思います。ただ、そのメリハリのない仕事習慣が問題なのは、仕事で
行き詰まった途端に、集中も息抜きもどちらもできなくなってしまうことかもしれません。仕事は進まないし、ストレスも溜まり続けるという悪循環にはまってしまいます。

　終業時間を「決めて、守る」だけ！　とわかっていても難しいですよね。そんな中、日本に住む私の友達が、子供が産まれてから保育園のお迎え時間という絶対厳守の時間制限ができたことで、効率が格段に上がり、驚いたと言っていました。

　それを聞いて、自分の力の及ばない締め切りがあるといいのかと気がつき、定時に終わらないと間に合わない時間にジムや病院、映画を予約してみたところ、本気で焦ることで集中でき、効果てきめんでした。「我こそは意志力薄弱なり！」という方におすすめします（ただ、習慣化する前にアポイント用件がネタ切れするともとに戻ります）。

PART1　北欧で暮らす私のゆるい24時間

> 12:00 ランチ

# 国民食・スモーブロー

　デンマークの国民食「smørrebrød（スモーブロー）」は、直訳するとバターパン。バターをたっぷり塗ったライ麦パンの上に、色とりどりの具材を乗せて楽しむオープンサンドイッチです。だいたいの具材は、冷蔵庫から出して切って載せるだけ！　という手軽さもあり、定番お昼ごはんの１つです。

　しかし、手軽とはいえ国民食であるからか、デンマーク人のスモーブローにかける熱意とこだわりは半端ではありません。まず、組み合わせは自由……と見せかけておいて半強制的な（!?）ルールがあります。スモークサーモンにはディル、小エビにはゆで卵、白身魚のフライにはレムラード（タルタルソースのようなもの）……といった、数百年の歴史とともに受け継がれる黄金の組み合わせがあり、これを破る際にはそれ相応の覚悟が求められるそう。また、盛り付けにもコツが。いろどりを意識しつつ、パンが見えないくらいたっぷりと具材を盛り、高さ、そして華やかさを出すのがポイントです。そうしてようやく、食べることが許されます。

PART1　北欧で暮らす私のゆるい24時間

# 落とし前ケーキ

「kvajekage（クヴァエケー）」や「kvajebajer（クヴァエバヤ）」は、直訳すると、「失敗ケーキ」「失敗ビール」。

自分が失敗して、迷惑をかけてしまったときに、職場や学校であればケーキを、飲みの場であればビールなどを「お詫びのしるし」として献上します。

日本の「お詫びの品」は、主に謝罪の真剣さや反省の意を強調するためのものですが、こちらはそれよりも少しふざけています。

本当に申し訳なく思っているのは同じですが、「ごめんね、許してちょ（汗）」くらいのユーモアとともに、笑ってもらって落とし前をつけるための献上品です。

失敗は誰にでもあるもの。深刻にとらえすぎずに、笑ってすませる寛容さがあるこの習慣は、とても素敵だと思いました。

PART1　北欧で暮らす私のゆるい24時間

## 逆・バースデーケーキ

　これまたケーキの話なのですが、私がデンマークの風習で一番気に入っているものは、「学校や職場に、誕生日の人が自分で自分のバースデーケーキを持ってくる」というものです。

　誕生日って、やっぱり少しソワソワしてしまうもの。

　周囲の人に気づいて祝ってもらうのも申し訳ないし、とはいえ1日中誰からも「おめでとう」と言ってもらえないのも内心ちょっと淋しいかも……なんて思ってない、こともない(!?)。

　そんな気苦労を一蹴できるのが、この画期的な「自前」システム。朝、さりげなくケーキを持参し、昼ごろに「今日は自分の誕生日です＆どこどこにケーキ在り」とお知らせのメールを社内に送信。お祝いの言葉をもらいつつ、みんなに一切れずつおいしいケーキをプレゼントしましょう。

PART1　北欧で暮らす私のゆるい24時間

> 16:00 退勤

# 仕事はあくまで生活の一部

　デンマークの社会において、仕事とプライベートの境界線は明確に引かれています。もちろん職場によって多少の違いはあれ、一般的には職場での付き合いが日本ほど深くありません。仕事仲間はあくまで仕事仲間であり、職場の飲み会やイベントも比較的少ないのが特徴です。

　では、仕事終わりにデンマーク人はどのように過ごすのでしょうか。多くの場合、彼らは家族や学生時代からの友人との時間を優先します。また、スポーツクラブやサウナクラブで地元の仲間と過ごすこともあります。

　仕事に過度に集中すると、プライベートまでも仕事一色になりがちです。しかし、人間関係のほとんどが職場関連で占められてしまうと、何か問題が起きたとき、精神的に不安定になる可能性があります。

　仕事以外のコミュニティを大切にし続け、充実感や幸福感が得られる居場所を複数確保しておくことは、安定して幸福度高く暮らすための重要なポイントの1つであるようです。

PART1　北欧で暮らす私のゆるい24時間

> 16:30 スーパーへ買い出しに

# レストランは特別なときだけ

　日本では外食やコンビニに頼ってばかりでしたが、デンマークに移住し、「日本食は自分で作らないと食べられない」という苦境に立ち、ようやく、自炊をするようになりました。

　デンマークでは外食をする習慣があまりなく、レストランに行くのは、イベントごとや、誕生日、記念日など、特別な日であることがほとんど。とはいえ安価なハンバーガー、ピザやケバブ、カフェであれば日常的に食べに行くこともありますが、毎日外食のようなライフスタイルの人はほぼ見かけません。

　個人的に、レストランは我慢できても、気晴らしでカフェに行くのがなかなかやめられません。最近のレート換算だと、なんでもないコーヒーチェーンでちょっとゆっくりするだけでも、カフェラテが1500円、パンが1000円で毎度2500円程度かかっていて、震えました。ですが、毎回換算していると気持ちよくコーヒーを飲めなくなるため、今日も私は脳をいったんシャットダウンして、のこのことカフェへ向かいます。

PART1　北欧で暮らす私のゆるい24時間

# オコローギスクマーク

　スーパーで見かける赤いマーク。これはオーガニック認定のマークで、化学肥料や農薬、ホルモン剤や抗生物質を使わない、自然に近い環境で作られた食品につけられています。

　土壌と水質を保護し、長期的に持続可能な農業を実現できること、また、消費者の健康にもいい影響を与えるという理由から、世界的にオーガニック食品を選ぶ人が増えています。

　日本にいたころは、オーガニック食品といえば、憧れるけれどお高いし、買える場所も限られていて、高嶺の花的存在でした。しかしながら、デンマークに来てからはグッと身近なものとなりました。

　国内のどのスーパーでも、果物や野菜はもちろん、お米や乳製品、加工食品まで、オーガニックとそうでないものの2種類が並べて売られていることが多いです。そして、価格差は1.1〜1.5倍程度。

PART1　北欧で暮らす私のゆるい24時間

日本だと倍以上はしていた記憶があるので、お手頃に感じます。

　この比較的小さな価格差の理由の1つに、政府の補助金制度があります。農家や酪農家に対して補助金を提供することでオーガニック食品の価格を抑えているのです。

　デンマークは、実はオーガニック先進国。1987年に世界で初めてオーガニック農業法を制定し、現在においても2030年までに農業用地の21%をオーガニックにする目標を推進中だそうです。

「やっぱりオーガニックだと味が違う！」といったことは、私は正直はっきりとはわからないのですが、例えば野菜や果物の皮を剥くのが面倒くさいときに、皮がついたままでも安心して丸ごと食べられることが嬉しかったりします。

PART1　北欧で暮らす私のゆるい24時間

# 鶏の幸せは買えるのか

　北欧に移住して驚いたことの1つが、スーパーで売られている卵の種類の豊富さです。
「放し飼い卵」「オーガニック卵」「安さ重視卵」など、実にさまざまな種類の卵が並んでいるのです。これは北欧だけでなく、ヨーロッパ・北米・オセアニア圏では日常的な光景で、日本でも一部のスーパーではすでにそうであるとか。

　これらの卵は、鶏の飼育環境や与えられる餌の種類によって分類されています。例えば、放し飼い卵は、鶏たちが屋外で自由に歩き回れる環境で産まれた卵です。

　オーガニック卵は、オーガニック飼料を与えられ、化学物質や抗生物質を使用しない環境で育てられた鶏の卵を指します。

　これらの選択肢を前にすると、価格と、大きさ、おいしさな

どに加えて、これまであまり気にしていなかった（ごめんなさい）「鶏の幸せ度」という尺度が加わってきます。

　背景にある鶏たちの物語が目に浮かび、自分の選択にずっしりと重みが加わるのを感じます。

　また、自然に近い環境で、ストレスなく過ごせる鶏たちが産んだ卵は、ケージ飼いの鶏の卵と比べて、ビタミンEや良質な脂肪酸を多く含むことが研究で明らかになっているのだそう。このことからも、少し高くても「幸せ卵」を選びたくなりますよね。

　といいつつ、私の経済力のなさから、申し訳ない気持ちで一番安い卵を買ってしまうときもまだまだあるのですが……。

　余裕のあるときはなるべく、放し飼い卵を買うようにしています。

# ペットボトルのデポジット制

　北欧生活において、飲み終わったペットボトル、瓶や缶はゴミではなく資産です。なぜなら、これらの容器はデポジット制で、1つ20円以上の価値があるからです。

　デポジット制というのは、例えばペットボトル入りのコーラ（400円）をレジに持って行くと、会計時にボトル代（20円）が加算され、コーラ1本あたり420円を支払うことになります。飲み終えたら、スーパーに必ず置いてある、容器回収マシーンにペットボトルを入れて、ようやくそのボトル代（20円）が返ってくる、という仕組みです。

　最初は面倒に感じていましたが、すっかり慣れた最近では、空き缶やペットボトルを溜めて、高額返金レシートが出てきたときの快感が若干癖になってきました。少し気が大きくなってスーパーで余計にお菓子を買ってしまうこともあります（ただ自分が事前に払った預け金が返ってきているだけなのですが）。

PART1　北欧で暮らす私のゆるい24時間

> 17:00 夕食、家事

# オーブンにぶち込み完成ごはん

　日々、地味に不便だと感じるのが、薄切り肉がないこと！スーパーで売っているお肉は厚切りの塊肉がほとんどです。最初は苦労して薄切り肉を自作していたのですが、筋肉痛になり、諦めました。

　というわけで、やはり「郷に入れば郷に従え」というもの、しぶしぶ塊肉、そしてオーブン調理デビューを果たしました。

　スーパーには出来合いの惣菜系がほとんどない代わりに、「容器ごとオーブンに入れれば、主菜と副菜ができ上がり！」になる、下味のついた塊肉と付け合わせのセットがよく売られています。その真似をするうちに、オーブンレシピのレパートリーが増えてきました。

　下味だけ頑張って、オーブンに入れてしまえばもうキッチンに立たなくていい点、そして時間が経てば一食丸ごと完成する点が、なんだか家事上手になった気がして嬉しくなります。

　同じ理由で電気圧力鍋も使いはじめたのですが、炊飯器にもなるので海外暮らしにとてもおすすめです。

PART1　北欧で暮らす私のゆるい24時間

# レシピ通りに作らない

　プロ級に料理上手な友達に、その上達の秘訣を聞くと「レシピ通りに作らないことね！」と教えてくれました。
「自分で何かしら創意工夫すると楽しくなってくる。もちろん、最初はレシピを見ながらになると思うけど、例えば勝手に好きなスパイスを足してみたりするの」
「私にとって料理はリラックスするための大切な時間。レシピ通りキチキチやってしまうと、仕事みたいでつまらなくなる。失敗したら冷凍ピザを食べればいい」
　とのこと。
　私はこれまでレシピの一字一句を守る派だったのですが、彼女のアドバイスにハッとして、自由に工夫するように。すると、料理が面倒な時間から楽しみな時間にじわじわと変わってきました。失敗することや、完璧でないことを許す大切さを教わった気がします。

PART1 北欧で暮らす私のゆるい24時間

# どうでもいい私の洗濯事情

　デンマークでは、賃貸でも備え付けで洗濯機と乾燥機が置いてあります。地域によりますが、だいたい硬水なので、柔軟剤を使ってもタオルなどはパリッパリになります。最初はとても嫌だったのですが、次第にそのパリパリタオルの異様な吸水力が癖になってきて、むしろ最近は柔軟剤を減らして、あえてパリッパリ仕上げにしています。日本と比べて湿度が低いため、乾燥機を使わずに物干しで干しても、怖いくらいすぐ乾きます。

PART1　北欧で暮らす私のゆるい24時間

> 20:00 寝る時間までダラダラ

# ネット通販奮闘記

　ネットで「ポチ」って次の日には玄関の前に届いている、そんな甘やかされた環境で育った私にとって、デンマークのネット通販事情はかなり過酷です。
　まず、Amazonのような大きな通販サイトはほぼなく、目当ての商品も見つけにくいし、ネットサーフィンしてほしいものを見つけるという楽しさもほぼありません。
　そういえば、そもそも北欧諸国の人々は、買い物やモノの消費を「娯楽」や「幸せ」としてみなす意識が薄いという調査結果を見たことがあります。確かに、街のショッピングセンターやお店も、日本と比べるとギラついていないというか、良くも悪くもかなりあっさりしているお店ばかり。「限定！」や「半額！」のポップに血が騒ぐ、買い物好きの私としては正直物足りないと言わざるをえません。
　それからデンマークに来たばかりのころ、「スーパーで音楽がかかってないのが殺伐としていて寂しい」と友達に言った

PART1　北欧で暮らす私のゆるい24時間

ら、「日本ではそんなノリノリな感じで音楽がかかってるの？スーパーで？」と面白がられたのを思い出しました。

　話をオンラインショッピングに戻しますね。あれこれ苦労しつつ商品を注文してから、品物が届けられるのは1〜2週間後くらいで、大抵家の前までは無料では届けてくれません。だいたい数km先のスーパーに取りに行って、レジの人に荷物番号と自分のIDを見せて、ようやく受け取り完了です。

　そうしてやっとの思いで家で箱を開けてみると、手に入れたブツに問題があることも比較的高頻度であります。そのときはもう、膝から崩れ落ちます。

　そうしてネットショッピングが娯楽から苦痛となった結果、言わずもがな浪費が格段に減りました。デンマークに移住して以降のクレジットカードの請求額の少なさを見て、これまでいかに便利な買い物体験に誘われ、必要のないものをたくさん買ってしまっていたのかを思い知りました。

PART1　北欧で暮らす私のゆるい24時間

# テレビで近所の人を応援

　デンマークにはDRという国営放送（日本でいうNHK）があります。私がデンマーク語の勉強がてら（言い訳？）よく見るバラエティ番組は「Den store bagedyst（デン ストア ベーギュスト）」という、国内のアマチュアお菓子職人たちが腕を競う番組です。

　デンマークは小さい国なので、テレビに出ている人でも「あっ、この人の家、すぐそこのあそこだ」となることがよくあり、勝手に親近感が湧いて、応援に熱がこもります。

PART1　北欧で暮らす私のゆるい24時間

23:00 寝る支度

# スキンケア事情

　移住してしばらく、硬水の影響と乾燥した空気で、肌がパサパサになり、悩んでいました。

　そんな中でもみずみずしいお肌を保っている友人に秘訣を聞き、シャワーを浴びたあとにボディクリームをちゃんと塗ることと、クレンジングは低刺激なミセラーウォーターで拭き取り式にするということ（毎日お湯で洗わない）を実践しはじめると、だいぶ改善し、気にならない程度になりました。

　デンマークのスキンケアブランドでお土産などを探すのであれば、私のおすすめは「Ecooking（エクッキング）」です。ボディクリームとフェイスクリームを使っているのですが、効果がしっかりと実感できることと、自然で華やかな香りがとても気に入っています。

PART1　北欧で暮らす私のゆるい24時間

# ゆすがない！ 北欧式歯磨き

スウェーデンは歯科の先進国で、国民の虫歯も少ないというデータがあります。その秘密は、虫歯ができる前の「予防」にありました。まずは定期検診。幼いころから定期的に歯科医師、または歯科衛生士による検診を受け、歯のクリーニングやフッ素塗布などの予防処置を受けることが一般的です。

さらに歯磨きの仕方にも大きな違いがあり、指導が徹底しているそう。その磨き方とはまず、①フッ素濃度の高い歯磨き粉をたっぷり使うこと。そして、②泡を吐き出したあと、水でゆすがない！（もしくは、大さじ1杯程度の少量の水でゆすぐ、それでも気持ち悪ければ、ゆすいだあとにフッ素ジェルを塗るのもOKだそう）その後も、③口の中のフッ素を薄めないように、歯磨き後30分〜2時間は飲食をしない、ということも重要ポイント。

きちんと効果があると実証されている歯の磨き方です。

私はやってみて、意外にも③がとっても難しいと感じています。ぜひ、今日から！ 試してみてくださいね。

PART1　北欧で暮らす私のゆるい24時間

COLUMN 1
# 「頑張りすぎ」から気まま生活へ

　例えば、あなたが誰かに「頑張ってね」と声をかける際、何も毎回「辛いときも歯を食いしばって耐え抜けよ」なんて思っていませんよね。ニュアンス的には「応援してるよ！」という感じだと思います。

　そういうとき、デンマーク語では==「held og lykke（運と幸せを）」==と言います。英語の「Good luck（幸運を）」と同じ感じです。英語やデンマーク語で、完全に「頑張る」と置き換えられる単語はないようです。

　ところで「頑張る」ってなんでしょうか？
「デジタル大辞泉」によると、①困難にめげないで我慢してやり抜く。②自分の考え・意志をどこまでも通そうとする。我を張る。③ある場所を占めて動かないでいる。という３つの意味があるそうです。

　これはあくまで私の体感ですが、日本では「職人気質」に代表されるような、常に精進と努力を怠らないストイックな姿勢や、どこに出しても恥ずかしくない、ある意味で完璧な姿が理

想とされていたり、そうあるべきだというプレッシャーを感じたりする場面が多いように思います。

　近年、SNSの普及が影響してか、日本の若者の間で完璧主義傾向のある人が増加しているという調査結果も見かけました。

　一方で、デンマークの人々を見て私がよく感じるのは、「力(りき)んでいない」「自分を大きく見せようと無理してない」ということです。

　また、そんな自然体の自分を見せている、リラックスした姿勢や状態を高く評価します。

　これは、完璧ではないのが当たり前で、それを自分に対しても他人に対しても、許容することが大切にされているからだと私は予想しています。

「そりゃあ、デンマークで競争しない方針の学習環境で育って、残業もほぼなくて、社会保障もしっかりしていて安心して暮らせるんだったら、私だって、リラックスできるし、ありのままでいられるよ！」

なんて言いたくなるところですが、環境や前提は違えど、ところかわれば、こんな価値観もあるのだと知るだけでも、視野が少し広がり、生きやすさにつながると私は実感しています。

　話を戻して、ここで注目したいのは、デンマークの人々が「歯を食いしばって全力で頑張る」ことよりも==「息抜きを忘れず、バランスを保ちながら取り組む」==ことを大切にしていることです。
「そんなゆるい感じの姿勢で、仕事は進むの？」と思いましたか？　私も疑惑の目線で彼らを観察していました（笑）。
　ですが、一緒に働いてみて、がむしゃらな私よりも、一見「頑張ってない」彼らのほうが生産性が高いこと（デンマークは、国際経営開発研究所が行う「ビジネス効率性」ランキングで過去4年連続1位！）、そしてその理由がじわじわとわかってきました。

　最初は、なんというか、自分のこれまで信じていたものが崩れるようで、信じたくないくらいに思っていました。しかしな

がら、よくよく考えれば、むしろその「肩の力が抜けていくのに、うまくいく」というのは私にとって理想そのもの！　その具体的なやり方、考え方を知りたいと思い、楽しそうにしている同僚や友人にその秘訣を聞いて、コラムにまとめてみました。

　私と一緒に「気まま」暮らしを追求してみましょう！

PART 2

# 北欧で暮らす私の春

～ふらりと出かけたくなる、
心が躍る季節～

## 小鳥を愛でたい

　デンマークでは、絵本に出てくるようなかわいい小鳥を道端でよく見かけます。私のお気に入りは「Blåmejse（ブラーマイセ）」。頭は青、お腹は黄色の配色がかわいいスズメの一種です。

　小鳥ファンは案外多く、スーパーでも小鳥のエサがよく売られています。友人も庭にエサ箱を設置して、かわいい小鳥たちが来るのを今か今かと待ち構えていたそうなのですが、巨大なカラス1匹に全部持って行かれたそうです。

# 馬もペット？

　朝の散歩のひそかな楽しみは、近所のワンちゃんたちと出会えること。人懐っこいワンちゃんであれば触らせてもらったりして、束の間のふれあいタイムを味わいます。

　友人の家に遊びに行っても、かわいいワンちゃんが出迎えてくれることが多かったので、気になって調べると、デンマーク全世帯のおよそ20％ほどが犬を飼っているよう。ちなみに人気犬種1位はラブラドール・レトリーバーでした。

　また近年、柴犬がこちらでも大人気。

　同じ日本出身として、街で見かけると故郷を思い出し、ホッと和んだりするのですが、私よりデンマーク語を理解しているのを見て、突き放されたような気持ちにもなります（情緒不安定）。

そしてさらに、ペットとして意外と人気なのが、「馬」！都会ではもちろん難しいですが、郊外や田舎であれば馬を飼っているお家はさほど珍しくありません。

趣味で乗馬を習っている人も多く、郊外の散歩道で見かけることがあります。

スーパーには馬が主役の女の子向けの雑誌が売られていて、表紙にはイケメンの馬、付録にはかわいい馬の写真が入ったロケットペンダントが。なるほどこういう世界もあるのかと、この間1冊買ってみました。

ちなみに私の友人も、実家では馬を飼っていたらしく、日本で馬刺しを見つけてとても悲しそうにしており、申し訳なくなりました。

PART2　北欧で暮らす私の春

# ハリネズミと野うさぎ

　とある日の夜、田舎道を歩いていると、道路脇でのっそのっそと動く丸い影が。近づいてみると、なんとハリネズミでした。

　北欧のテキスタイルなどで、よくハリネズミがモチーフになっているのを見かけませんか？　あれは、「かわいいから」という理由だけかと思っていたら、野生のハリネズミが生息していてよく見かけるからだったのですね。

　ハリネズミは、幸運のシンボルとしても知られています。夜行性なので、昼間はなかなか見かけません。主に虫やミミズを食べているようですが、果物や野菜も食べるそうです。庭先に巣箱を設置すれば、ハリネズミに出会えるかもしれません。

　ほかには、野うさぎもしょっちゅう見かけます。警戒心が強く、すぐに逃げてしまいますが、そっと近づけば観察することができます。意外ととても大きくてマッチョ。かわいいのはもちろんですが、それよりも逞しさのほうが印象に残ります。

PART2　北欧で暮らす私の春

# にんじんがおやつ

　ミーティング中、授業中、電車での移動中、マクドナルドでも！「うさぎなのか？」というくらい、デンマーク人は不意にポリポリと生のにんじんをスナック菓子のように食べていて、スーパーにはそれ用の、洗浄済みの小さいにんじんが売られています。

　私は一時帰国するたびに、日本食のおいしさに感動しすぎて毎度5キロくらい増量してしまうのですが、デンマークに戻って生活していると（だいたいは）自然にもとの体重に戻っていきます。その要因の1つは間違いなくこの「生にんじんそのままおやつ習慣」にあります。

# シナモンまみれの25歳未婚

　街中を歩いていると、電柱の周りにシナモンが積もっているのを見かけることがあり、気の毒ながらも微笑ましい気持ちになります。デンマークには変わった風習がたくさんありますが、「25歳までに結婚していない男女にシナモンをぶっかける」というこの奇習も、その1つ。

　25歳の誕生日の朝、友人たちは寝室へ忍び込み、あなたを拉致します。嘆き叫ぶあなたが動かないよう手足を公道の柱に縛りつけ、念のためにゴーグルを着けてあげます。そしていざ、噴射。消化器のような噴射機に詰められた3kgほどのシナモンパウダーが「未婚」のあなたに襲いかかります……。

　起源は16世紀。デンマークが香辛料貿易で栄えた際に、コショウを扱う「ペッパースヴェン（コショウ男）」と呼ばれる商人たちがいました。彼らは仕事に専念するあまり、多くが独身でした。そこから、未婚の男性をからかうためにコショウをかける風習が生まれたと言われています。1950年代には、コショウからより香りのいいシナモンに変わ

り、現在に至ります。

　ちょっとぱらぱらっと妖精の粉のようにかけてあげる、とかではなく、全身満遍なく茶色くなるまでぶっかけられます。

　きちんとシナモンで対象者をコーティングできるよう、噴射する前に水をかけて全身をシメシメにし、吸着率を高めた状態にしておくことも忘れてはいけないポイントです。

　ちなみにこれをやられると、大量のシナモンが鼻の穴に入り、1週間くらいは匂いが取れないのだそう。そして、これを落とすときに温水のシャワーを使うと、毛穴が開いたところにシナモンが入りとても痛いので、必ず冷水でシャワーすることも常識。それから、この風習があるのはデンマークの中でもユトランド地方（首都のコペンハーゲンとは異なる地方）なので、都会人は経験できない、地元の誇り高いユーモアと伝統なのだと教えてもらいました。

　体験したいかどうかはさておき、人生の大切な節目を楽しく祝う風習の1つであるようです。

※シナモンパウダー噴射機は、8000円ほどで購入でき、詰め替えれば何度でも使えるため、経済的だそうです。1本いかがでしょうか。

PART2　北欧で暮らす私の春

# 非・ロマンチックなデート文化

　私の住んでいるデンマークをはじめ、北欧諸国のデート文化は「非・ロマンチック」なのが特徴。初デートで派手なレストランへ行くこと、贈り物をすること、相手を褒めまくり口説くようなことも敬遠されます。

　いつも通りの服装で、自然の中を散歩するか、カフェでコーヒーを楽しむくらいがちょうどいい。そのほうが相手のことをよく知ることができるから、とのこと。気軽でいいなと思う反面、ごまかしが効かない緊張感があるような気もしますが、背伸びをせず、自然体でいることと、対話を大切にする北欧の人々の気質が表れていると感じます。

　ちなみに、デート費用は基本的に割り勘が一般的。男女ともに、どちらがどうあるべきという感覚が薄く、対等な関係性であることを重視します。

PART2　北欧で暮らす私の春

# 改札機がない！

　デンマークの公共交通機関で最初不思議だったのが、改札機がないこと。乗車する際には「Rejsekort（ライゼコート）」というICカード（日本でいうSuica）を、駅や車内にあるチェックイン機にかざして乗車します。降車時にチェックアウト機にかざして料金が引き落とされる仕組みです。日本のバスに乗る際の仕組みで、鉄道にも乗れるという感じでしょうか。駅の改札内・改札外という区切りがないのが、最初はなんとなく不思議な感じでした。

　列車の座席は、ほとんどが日本の列車のグリーン車並みの広さで、快適です。ネットで事前に切符を買えば半額くらいになり、お得（DSB orangeという切符区分で、安い分、払い戻しはできなくなります）。自転車を載せるための車両もあるため、サイクリングの旅もとても快適です。

　それから、バス、鉄道ともにUSB式の充電とWi-Fiがあり、旅行の際は心強い味方になってくれます。車内では、PCを繋げて忙しそうに作業している人もいれば、ほっこりと編み物をしている人もよく見かけます。

PART2　北欧で暮らす私の春

# カフェでカルダモンスヌア

コーヒー大国の北欧において、大人気のコーヒーチェーンがあります。それが、お馴染みのスターバックスではなく、スウェーデン発祥の「Espresso House」です。

おすすめメニューは「カルダモンスヌア」。カルダモンという香辛料は、日本ではカレーのスパイスとして馴染みがありますが、北欧では甘い焼き菓子に欠かせない香りです。

レモンのような柑橘系の爽やかさと、ジンジャーのようなスパイシーさが混ざった香りがします。これをふんだんに練り込んだ渦巻き状のパンが「カルダモンスヌア」で、北欧では大人気のパンです。

カフェにもよく置いてありますし、私は IKEA の食料品コーナーにて 2 個入りで安く売っているものをよく買って食べています。コーヒーにすごくよく合ってとってもおいしいのでぜひ、試してみてくださいね。

PART2 北欧で暮らす私の春

# ゆるりと、コペンハーゲン空港

　東京からの直行便も到着するコペンハーゲンのカストラップ空港。ターミナルに一歩足を踏み入れると、まず驚くのは、その温かな雰囲気。空港といえば、クリーンでしゃんとするような雰囲気のところが多いですが、この空港は、ホッと心が落ち着くような、優しい空気感があります。

　ほかの空港と何が違うのかというと、実はこの空港、床がフローリング（デンマーク産のオーク材）なのです！　そして、そこに置かれたデザイナーズチェアの数々と暖色で明るすぎない照明が、リビングにいるような空間体験を演出しています。さすがはデザイン大国、なおしゃれさです。

　次に目につくのが、これまたデンマークの有名デザイナーによるデザインの、機能性と美しさを兼ね備えた手荷物カート。このカートを手にルンルン気分で、カフェを覗き見したり、お土産を物色したりしていると、あっという間に時間が過ぎてしまいます。

PART2 北欧で暮らす私の春

# 長距離移動何する問題

　長距離移動の際、あなたはどう過ごしていますか？

　東京とデンマークは飛行機で直行便でも14時間、日本のホテルを出てから、いろいろと乗り換えたりしつつ、デンマークの家に着くまでだと24時間くらいかかってしまいます。こういう長距離移動中って、暇ですし、何か有効活用したいなと思いますよね。

　私はこれまで、生産性高めライフに憧れ、仕事道具をたくさん持って移動に挑んでいたのですが、これ、ほんっとうに疲れるということに気がつきました。到着して次の日になっても疲れが取れず、数日〜1週間くらい無気力になるほどだったこともあります（笑）。

　そんな私がたどりついた、ごくシンプルな解決策、それは、移動中は「移動以外のことを頑張らない」こと！　時間と経路と、荷物の管理だけ気をつけて、座っている間は疲れない娯楽に全振りするという作戦です。

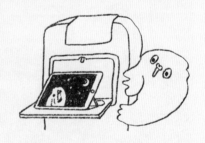

PART2　北欧で暮らす私の春

疲れない娯楽、それは私の中で答えが出ており、ズバリ、アニメ（映画ではない、シリーズもの）です！　これを数シーズン分、タブレット端末などにダウンロードしておき、フライトに臨みます。アニメをあまり見ない方は次点で、ドラマやマンガもおすすめ。

　映画ではない点が、私的に重要ポイントです。映画は、情報が短時間に詰まっているからか、1本で疲れ、2本で限界が来ます。アニメは映画と比べて、ゆっくりと長い時間をかけて展開が進み、設定もよりシンプルでわかりやすく、画面上の情報量も少ないことからか、長い時間見ていても本当に疲れません。

　これまでこの24時間の長距離移動、すごく苦手でいつも億劫だったのですが、今話題のアニメを一気見できるチャンスとして活用するようになってからは、だいぶマシになりました。

PART2　北欧で暮らす私の春

# 伝説のおしゃれスーパー

デンマークの高級スーパーマーケットチェーン「Irma（イヤマ）」。キャラクターの女の子のマークがついたトートバックは日本でも人気で、お土産にたびたびリクエストされていました。

1886年の創業以来、高品質な商品とユニークでおしゃれなデザインで愛されてきたIrmaですが、親会社の方針で、複数あった店舗がほかのブランドに変更、もしくは閉鎖されることが2022年に決まり、多くのデンマーク人にとって大きな衝撃となりました。

コペンハーゲンのデザインミュージアムでは、このスーパーが長年にわたって築き上げてきた独自の文化とデザインが展示され、そしてそれがどのように多くの人々に愛され、支持されてきたかが語られていました。

デンマーク人がいかに、暮らしの細部におけるデザインの美しさや品質へのこだわりを評価し、大切にしてきたかを読み取ることができる、興味深い企画展でした。

PART2　北欧で暮らす私の春

# レゴの国

　レゴランドは日本にもありますが、「レゴハウス」はレゴの発祥の地であるデンマークにしかない、テーマパークとミュージアムが融合したような施設です。巨大なレゴブロックを積み上げたような建物の外観も見どころ。

　ここのレストラン「Mini Chef」では、とってもユニークな「注文」体験ができます。

　まず、テーブルに座ると、カラフルなレゴブロックが目の前に置かれています。なんと、これを使って、自分の食べたいメニューを注文するのです。例えば、赤いブロックは肉、緑は野菜、黄色はパスタ……として、自分好みの「レゴ料理」を組み立てます。

　自信作が完成したら、その組み上げたブロックをテーブルの横のボックスに入れてスキャン。するとなんと、キッチンにいるロボットがその情報を読み取って、あなたの「レゴ料理」を本物の料理として作ってくれるのです！　レゴの世界と、現実の世界が繋がるような、とても楽しい食事体験です。

COLUMN 2

# シン・頑張り方

「頑張らなきゃ！」って思うと、なぜかますます何もできなくなる。そんな経験、ありませんか？

　私はこれまで「全部をできる限り完璧にしなければいけない、不器用な私は休んではいけない、もっともっと頑張らないと……」といった感じの謎の強迫観念がありました。学生時代はガリ勉、社会人になってからは残業ばかりの毎日。
　ですが、空回りや失敗ばかりで当然「完璧」には程遠く、しだいに頑張ることも自分のことも嫌いになり、疲れて燃え尽きていました。

　そうして「疲れた→もう頑張れない→私はダメな人間だ」と落ち込み、自滅し、長い間思考停止状態に陥っていた私。
　そこから抜け出すきっかけとなったのは、デンマーク人の「頑張る」姿を見たことでした。それは、私のこれまでの「つらくても弱音を吐かず終電ギリギリまでとにかくやる」的な、肩に力が入りまくった「頑張る」とは異なっていました。

彼らの「頑張り方」は、例えば、
**「息抜きを忘れず、生活全体のバランスを保つ」**
**「家族と過ごす時間のために、仕事は短時間で終える」**
**「完璧じゃなくても、とりあえず前進してみる勇気を持つ」**
**「きついときこそ、助けを求める勇気を持つ」**
というものでした。

　これをみて、私は「頑張る」とは必ずしも自分を追い詰め、苦しめることではないのだと、ようやく気づいたのです。

　私の場合はまずは、自分の現状や環境、気力と体力の残量をきちんと直視し、等身大の「欠点の多い、疲れた自分」を受け入れることから始めました。すると**「無理なくできることから、小さく工夫しつつ一歩一歩進んでいく」**ような、自分に合った「新しい頑張り方」が見つかりはじめたのです。

　もちろん、これはわざわざデンマークまで来なくても気づけるような、当たり前のことなのかもしれません。しかし、日本における「頑張る」という言葉の便利さゆえに、私はその本質的な意味を見失っていたように思います。

この言葉の曖昧さと多義性は、時として自分やほかの人を追い詰めてしまうこともあります。
　具体的な基準や目標設定なしに漠然と「頑張る」ことは、時に逆効果になってしまうことすらありますし、また、この言葉の持つ強い意志のイメージから、必要な休息や助けを求めることを躊躇してしまう人も多いでしょう。

　あなたも、今いちど自分の「頑張り方」について考えてみませんか？　従来の「頑張る」のイメージにとらわれない**「前向き、かつ持続可能で健康的な取り組み方」**を、自分の「新しい頑張り方」として決めてしまいましょう。
　この「頑張り方」を状況や目標の変化があるたびに探し、自分なりに見つけ続けていくことが、長期的な成功と幸福に繋がると私は信じています。

PART3

# 北欧で暮らす私の夏

〜サマーバケーションは、
のびのびマイペース！〜

# 夏休みは何週間取る？

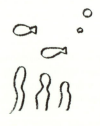

　6月ごろになると、世間話として、天気の話（春であれば「もうすぐ夏が来てもいいのにまだ肌寒いね」、夏は「やっと夏が来て嬉しいね」、秋は「夏が終わっちゃったね」、冬は「毎日暗くて夏が恋しすぎる！」、という内容が語られることが多い）と同じくらい、夏休みは何週間取り、どこで何をするかが話題に上ります。

　デンマークには長い夏休みがあります。労働者は年間5週間（25日間）の有給休暇を取得する権利があり、このうち、夏休みとして、だいたい3週間ほど連続で休暇を取ることが一般的です。

　日本でも、祝日を合わせるとほぼ同じ日数の休みがあるようなのですが、1～3日の休みだと、どうしても、仕事のことが頭の片隅から離れない気がします。その点、3週間も休めば、じわじわと仕事のことを考えなくなっていきます。この「仕事のことを一切考えない時間」を最低でも年に一度は取り、心身ともにリフレッシュすることが広く重視されています。

PART3　北欧で暮らす私の夏

# 質素な贅沢？ サマーハウス

　夏休みの過ごし方として、大定番の１つが、サマーハウスで過ごすことです。

　サマーハウスとは、夏の間の別荘なのですが、別荘という響きでイメージするゴージャスな雰囲気ではなく、簡素で小屋のようなお家であることがほとんど。

　郊外の海や森が近い自然豊かなところを選ぶ人が多く、現代社会の忙しさ、便利さや快適さからも一歩離れ、シンプルで余白のある生活をするための場所です。

　電気やインターネットが限られていることもよくあるのですが、それがかえって魅力とされています。家族や友人とゆったり散歩をしたり、本を読んだり、ぼーっと釣りをしたり、夜には星空を眺めて過ごしたりすることが最高の贅沢なのです。

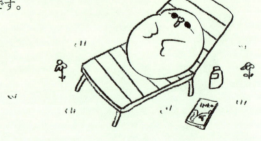

PART3　北欧で暮らす私の夏

# 冷たいボウルへの熱烈な愛

　夏の食卓に欠かせないのが、古くは16世紀からデンマークの人々が愛してやまない「koldskål（コルスコール）」（直訳：冷たいボウル）。

　これは、バターミルクを主材料に、卵、砂糖、生クリームなどを加えて作られる、甘いスープです。レモンやバニラで風味づけされることが多く、味は簡単にいえば、ほぼ飲むヨーグルト。これに、カリカリに焼かれた小さなクッキーを砕いて浸しながら食べるのが定番です。

　冷たくてクリーミー、でも重すぎない。甘さと酸味のバランスが絶妙で、食欲がない日でもつい食べすぎてしまうほど。友人のおばあちゃんの言葉を借りると「初夏の風を口いっぱいに含んだような」おいしさです。

　私は、これはデザートだと思うのですが、これは夕食であると言い切る人もいます、昼食説、朝食説、もしくはそのすべてであるという説も。常に意見はわかれますが、みんなこのコルスコールが大好きであることは一致しています。

PART3　北欧で暮らす私の夏

# ツールドフランス、のんびり観戦

　ゆったりとした夏休みの過ごし方は人それぞれですが、ツール・ド・フランスの観戦は多くの人にとって恒例行事の1つ。レースは23日間にも及ぶので、家やサマーハウスで過ごしている間、テレビ中継をつけっぱなしにして横目でのんびり応援しています。日本でいう箱根駅伝的な感覚ですね。

　デンマーク出身の選手もたくさん活躍しています。デンマークの首都コペンハーゲンがスタート地点となった2022年大会では、ヨナス・ヴィンゲゴーがデンマーク人として2人目のツールドフランス優勝者となり、街中が熱気に包まれました。

　実は今この原稿も、テレビでつけっぱなしの2024年ツールドフランスの中継をBGMに書いているのですが、残念ながら私はデンマーク語がほとんど聞き取れないため、気が逸れることなく集中でき、タイピングが捗っています（書いていて悲しくなってきました）。

PART3　北欧で暮らす私の夏

# 高級ジャガイモの世界

　初夏、つまり新ジャガイモの季節が到来すると、静かな熱狂が巻き起こります。デンマークにおけるジャガイモは、日本におけるお米のようなもの。かける思いは並ではありません。

　新ジャガイモとは、大きく成長する前に収穫された新鮮なジャガイモのことで、市場やスーパーにて高値で取引されます。特に、フュン島産のジャガイモは、その甘さと滑らかな食感から大人気。オークションでの高額落札が毎年ニュースになります（日本でいうマグロの初セリの感覚）。

「まあまあ、いったん落ち着こうよ。とはいえ、ジャガイモでしょ？」となめきっていた私に、友人がプライドを賭け、バターソテーしてくれた新ジャガは、これまで食べてきたジャガイモとは別次元のおいしさでした。プチトマトくらいの大きさのものが一番おいしいのですが、バターソテーすると食感もプチトマトのよう！　皮がプチッと弾けて、甘く柔らかくなったジャガイモがとろんと広がり、驚きの新体験でした。

　私は自分の過ち（新ジャガを軽視したこと）を謝罪しました。

PART3　北欧で暮らす私の夏

# はじめての「Burning Love」

　デンマークに移住して間もないころ、友人が私に作ってくれたのが、「Brændende Kærlighed（ブラネネ・ケアリヘ）」（直訳：燃えるような愛）という料理です。これは私が求愛されているということを意味して……はおらず、デンマークで100年以上前から食卓に並ぶ定番家庭料理。マッシュポテトの上にカリカリに焼いたベーコンと玉ねぎを乗せた、シンプルですが、あとを引くおいしさの一品です。

　この名前の由来は、「料理の熱々さと香ばしい風味が、まるで燃えるようだから」だそう。

　燃えるような味、といえば辛いものですが、デンマーク人は辛いものを食べ慣れていないからか、苦手とする人が多いです。最近、スーパーで韓国の激辛インスタント麺が売られはじめたのですが、「こんな殺人的に辛いものを売るのは違法にはあたらないのか」といった悲鳴のような苦情が殺到し、国内でニュースになっていました。なんだかかわいらしいですよね。

# アイスクリームワゴンが来た！

　夏の気持ちよく晴れた日に散歩していると、カランカランと鐘の音を鳴らしながら走る、白熊マークの白いワゴンが。「鐘の音といえば、焼き芋売り？」と思いきや、アイスクリーム売りのワゴンでした！

　実は北欧の人々はアイスクリームが大好き。世界消費量ランキング（1人当たりリットル数、2022年時点）4位、5位、7位に北欧諸国が食い込んでいます。寒いところなのに、いや、確か日本でもそうだったかもと思い調べると、アイスクリームの消費量（年間支出額、2022年時点）の調査で1位〜4位まで、金沢市、富山市、札幌市、新潟市と、寒さが厳しい地域が堂々とランクインしているのを発見。

　寒冷地ほど暖房施設が整っていて、暖かい室内で過ごす時間が多くなり、その間にアイスクリームを楽しむことが増えるのだとか。確かに、寒い冬の日に、暖かい家で食べるアイスクリームは一段とおいしいですよね。

PART3 北欧で暮らす私の夏

# デコトラックは成長の証

　アイスクリームワゴンが去り、今度は大音量の音楽とともに、派手派手にデコレーションされたトラックが近づいてきました。その荷台の上では、たくさんの若者たちが酔っ払い、大騒ぎしています！　実はこれ、デンマークの伝統的な高校卒業のお祝い行事なのです。卒業生たちは、動くクラブと化したトラックで街中を駆け巡りつつ、歌い、騒ぎまくります。

　トラックが向かっているのは、荷台に乗っているクラスメイトの家。全員の家を1軒1軒訪れ、各家庭で食べ物やアルコールの補給をしながら（デンマークには飲酒に対する年齢規制はありません）家族に卒業の挨拶をして回るのです。立派に成長した証を見せる日でありながら、ひどく酔っ払って過ごすのが正式な過ごし方であるというのは、なんだか陽気で面白いですよね。

　街の人も、このトラックとすれ違うとお祝いの言葉をかけたり、短くクラクションを鳴らしたりしてお祝いします。地域全体が楽しい気持ちになる、初夏の風物詩の1つです。

# 小さくても強烈においしい、いちご

　日本のいちごは、粒揃いで大きくてみずみずしく、パン！　と張っていて宝石のようですが、それに比べてデンマークのいちごは小粒でふにゃふにゃで、野いちごのような見た目。

　酸っぱいのかなと思いきや食べてびっくり。ほぼ酸っぱさはなく、強い甘さと、フレッシュな香りでとてもおいしかったのです。このいちごの究極の味わい方として教えてもらったのが、生クリームと砂糖をかけて少し潰しながら食べるという、なんとも贅沢な食べ方。超濃厚いちごミルクの完成です。

## 年中半袖Tシャツ(屋内に限る)

　ビデオ通話をしていて、私の半袖ダサTシャツ姿を見た日本の友人から「寒くないの?」とたまに聞かれるのですが、実は北欧の家の中は真冬でもとても暖かいのです!　二重窓やセントラルヒーティングなど、断熱と暖房機能が万全です。

　しかしながら、暑い夏への耐性はほとんどありません。だいたいの家にクーラーがついておらず、異常に暑い日が来てしまった際は、耐えかねた人々が冷房を求めてショッピングセンターやスーパーの冷蔵庫の近くに殺到していました。

COLUMN 3
# 頑張らないことを決める

「あれもこれもやらなきゃ」「もっと頑張らなきゃ」と自分を責めていませんか？
　実は、あなたはすでに十分頑張っているかもしれません。

　前作『北欧時間』の出版後、多くの読者の方から感想をいただきました。その中で最も多かったのが、
「もっと肩の力を抜いていいのだと気がついた」
「自分が長い間休まず、頑張りすぎていたことに気がついた」
　というものでした。1つ前のコラムでは「新しい頑張り方」について書きましたが、「もうそんなこと考える余裕がないくらいきついよ！」というときは誰にでもあります（……よね？）。

　今、あなたが頑張りすぎているのなら、あなたに必要なのは何かを増やすことではなく、減らすことかもしれません。ついつい「なんで私は頑張れないんだろう」と思いがちですが、本当にそうでしょうか。よくよく考えてみれば、すでに毎日、本当にたくさんいろいろなことをやっていて、頑張りまくっている自分がいるはずです。

例えば、帰りの電車で、毎日英語の勉強をすると決めたのに、ついぼーっと過ごしてしまう、と自分を責めているとします。しかし、1日の仕事を終えたあと、本当にその気力が残っているでしょうか？　むしろ、そのぼーっとする時間は、あなたの気力回復に欠かせない時間なのかもしれません。

　自分の残っている気力や体力の量を、スマホのバッテリーの充電ゲージを確認するように、確認してみてください。
「もっと頑張らないと、ダメな私」から、**「私なりによくやれている」**と自分を労われるようになるはずです。

　私も以前は「とにかく、たくさんのことをもっと頑張らないと」ということばかり考えていました。ですが、デンマークでの生活を通じて、「どうすれば、やることを減らし、よりシンプルにできるか」を意識して考えるようになりました。

　デンマークの人々は「しないこと」を決めるのがとても上手です。

例えば、仕事では意味のないタスクがある場合、すぐに話し合って淘汰し、サービス業でも過剰に働きません。日常生活でも、過剰な買い物をしない、SNSに執着しないなど、不要なものを削ぎ落としています。
　これは怠慢ではありません。むしろ、本当に大切なことに集中して時間とエネルギーを使うためです。これこそが、彼らの高い生産性とメリハリのあるライフスタイルの基礎となっているように感じます。

　あなたも「やらなきゃ」と思っていることを今一度見直してみませんか？
　全部書き出してみて、ラベル付けしてみましょう。
　例えば、まずは**「絶対にやるべきもの」**、そして迷うものは基本**「やらない」**、そこまで思い切れないものは**「ひとまず今月はやらない」**、やめたいけどすぐにやめられないものは**「ゆくゆくは手放す」**と、ラベルをそれぞれつけてみてください。

やりたいこと、やるべきこと、全部できるのであればそうしたいものですが、毎日の気力と体力、そして人生の時間には限りがあります。
　大切なものを本当に大切にするために、そうでないものをやらない勇気を持つことは、あれこれチャレンジすることと同じくらい大切ですが、見過ごされがちかもしれません。

　私自身、友人の「**絶対にやらないと生活に支障が出ること以外は、全部やらなくていい**」という言葉に励まされ、やるべきことや頑張りたいことをどんどん減らしました。すると、頭がスッキリしてストレスが減り、「本当にやりたいこと」に以前よりずっと前向きに、そして生産的に取り組めるようになりました。

　やることを厳選するのは、最初は不安を感じたり、不自由に感じるかもしれません。しかし、「あまり大切ではないけれど、なんとなくやっていること」に縛られるよりも、あらゆる面でずっと自由になれると私は感じています。

PART4

# 北欧で暮らす私の秋

～まったりモードで過ごしたい、
映画&ゲームの季節～

# デンマーク映画ってこんな感じ！

　『ANOTHER ROUND』は、2020年に公開されたデンマーク映画で、主演は「北欧の至宝」ことマッツ・ミケルセンです。

　彼が演じる主人公、マーティンは中年の歴史教師。彼は仕事にも家庭にも充実感を失い、行き詰まりを感じていました。そんな彼が、友人たちと「適度な酩酊（めいてい）（0.05%の血中アルコール濃度）状態を保てば、人生はもっと楽しくなるはず」という仮説を、自分たちの体と日常生活で検証しようと思いつきます。そしてその実験は徐々にエスカレートしていき……、という展開で物語が始まります。北欧諸国は、世界で最も幸福度が高い国々として知られていますが、同時にアルコール依存症患者の多さや自殺率が高いという側面も持ち合わせています。この映画は、この二面性を巧みに描き出し、人生における喜びと絶望、幸福の追求について洞察を与える作品です。

　また、主題歌「What a Life」はデンマークの飲み会ソングの新定番となりました。

PART4　北欧で暮らす私の秋

# デンマーク版GTO

　　　　北欧の生活について、多くの人が「おしゃれ」「自然豊か」で絵本のような、なんとなくふわふわしていて幻想的なイメージを持っているのではないでしょうか。

　そんな中、デンマーク発のドラマ『RITA』の描くリアルな日常生活と複雑な課題の数々は、北欧のまた別の側面を見せてくれるかもしれません。

　主人公のリタは40代の小学校教師。3人の子供を持つシングルマザーです。彼女の破天荒で正直すぎる性格と、ときに過激な言動に周囲の生徒や同僚は否応なく巻き込まれていく……という展開でドラマは進んでいきます。彼女は決して「いい人」であろうとはしません。ですが、彼女の言動の裏にはいつも純粋な優しさとユーモアがあります。欠点もたくさんありますが、裏表のない性格が「率直さ」や「飾らない態度」を高く評価するデンマーク人には魅力的に映るのだとか。その姿は、私たちに「完璧である必要はない」と教えてくれるようです。

PART4　北欧で暮らす私の秋

# 金曜日はグミ買いまくる日

　あなたは、金曜日は好きですか？

　デンマークの子供たちにとっても、金曜日は特別な日。なぜなら「Fredagsslik（フレダグスリック）」、つまり「金曜日のお菓子」の日だからです！

　毎週金曜日に特売になる、スーパーのお菓子の量り売りコーナー。そこには、カラフルなグミとキャンディと、それを前に目を輝かせる子供たち（と大人たち）の姿が。みんなそれぞれ、こだわりのグミブレンドを作って楽しんでいます。

　私もグミ類が大好き。制限しようとしてもすぐに心が折れ、罪悪感とともに食べてしまいます。この「金曜日のお菓子」のルールに倣って、「金曜以外は我慢、でも金曜は罪悪感なく食べる！」という新ルールの導入を検討中です。

# リコリス依存症への扉

　スーパーやお菓子屋さんで必ず目にする、真っ黒で少し異様な物体。これは、「リコリス」です。
　リコリスとは、漢方などでお馴染みの、甘草のこと。リコリスが入ったお菓子は、北欧全域で熱狂的な人気を誇ります。
　デンマークに来たばかりのとき、友人が、やけにニヤニヤしながらくれるので、食べてみたら、独自の香りと強烈な甘さと塩気！　これまで食べたことのない味、そしてシンプルに言ってしまえばすごくマズくて、驚きました。
　ですが、その嫌な思い出を忘れたころにまた食べてしまい、ウッとくるのを繰り返すこと7回目くらいだったでしょうか。
　なぜそんなに何度もチャレンジしたのかは自分でもわかりません。

とにかく、リコリスへの扉が開いたのは突然のことでした。「えっ、なんかみたらし団子的な甘じょっぱさで、い、いける！」となり、リコリスのおいしさを突然理解したのです。
　コーヒーやパクチーのように、これもまた一度ハマると中毒性があるもの。今ではリコリスの入ったお茶や、リコリス入りのチョコが私の家にも常備されるようになりました。
　リコリス中毒者の人口が多い北欧では、チョコレート、アイスクリーム、ガム、ケーキ、お酒でもリコリスフレーバーが完備されています。
　北欧を訪れた際は、ぜひリコリスに挑戦してみてください。日本ではあまり馴染みのない味なので、きっと新しい発見があるはずです。

PART4　北欧で暮らす私の秋

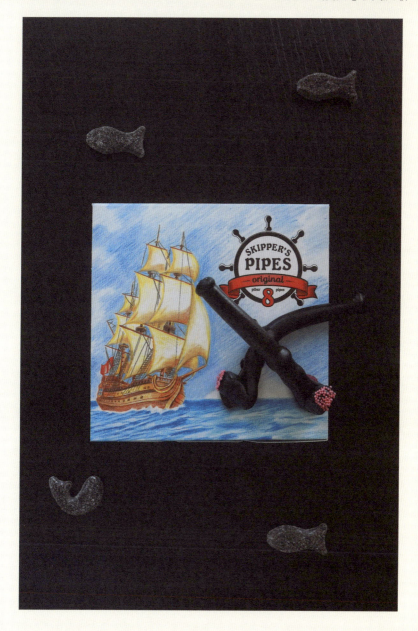

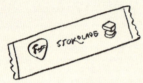

# チョコレートは、
# マラブ！

　板チョコはどこのメーカー派かというのは人それぞれ意見がわかれるところですが、北欧ではスウェーデンの「Marabou（マラブ）」が幅を利かせています。ノルウェーでは、Marabouの前身である「Freia（フレイア）」のチョコレートがあって、コウノトリのマークがついています。お味は、日本のチョコレートより、より甘くてよりミルキー。甘党ならハマるおいしさです。

PART4 北欧で暮らす私の秋

# デンマーク王の虫歯

　ワイヤレスイヤフォンをスマホに繋げる際など、現代の日常生活に欠かせない Bluetooth 接続。実は、この Bluetooth の名前の由来は 10 世紀のデンマーク王、ハーラル・ブロタン・ゴームソン（ハラルド王）にあります。

　ハラルド王はひどい虫歯で、歯が濃い青灰色をしていたことから「ブルートゥース（青い歯）」というニックネームで呼ばれていたそう。

　彼はデンマークとノルウェーを統一したことで知られており、その功績にちなみ、この技術（これまで乱立していた無線通信規格を統一し、複数の機器を繋げる技術）の名前に、彼の名前が拝借されたのだとか。

　Bluetooth のロゴは、ハラルド王のイニシャルを表すルーン文字（B と H）を組み合わせてデザインされたそうです。

PART4 北欧で暮らす私の秋

# 敬語がない！

　デンマーク語を学んでいて、一番驚いたことは、敬語がほとんどないことです！　デンマークでは、個人が互いに平等であるという考えが広く尊重されており、この理念が言葉遣いにも反映されているのを感じます。

　日本では、上司や先生には敬語を使うのが当たり前ですが、敬語を使わないどころか、上司や先生も下の名前で呼び捨て！上司や先生は、敬うべき人、というよりはチームリーダーや、コーチのような存在に近いようです。

　尊称や敬語がないことにより、立場にかかわらず、対等で合理的なコミュニケーションが促進されると考えられています。これは私の体感としてもそうなっているなと感じますし、単純にすごく楽でありがたいです。

　日本でも、いつか上司の名前を下の名前で呼び捨てにし、あらゆる場面で敬語を使わずとも生きていける時代が来る……あるいは、来ないかもしれません。

PART4　北欧で暮らす私の秋

# ヤンテの掟をどう思う？

　デンマークの平等を重視する理念の根っことなっているのが、デンマーク人なら誰でも知っている「ヤンテの掟」です。これは、デンマーク人作家が書いた小説の中に登場する架空の戒律で、私が勝手に意訳してしまうと、「自分が特別だと思ったり、優れていると考えたりすることは絶対に間違っている。常に謙虚であれ」という内容がかなり厳しめに書かれています。

　ただ、現代この掟を巡っては、「時代にそぐわない。個人の自由や意欲を抑制し、社会全体の成長をも停滞させる」との批判もあります。「ヤンテの掟は死んだ」として、ヤンテの掟の墓が建てられたり、掟を現代風にアレンジしたバージョンが提案されたりするなど、よく議題に上がるトピックです。

　ヤンテの掟を絶対的なものとして捉えることも、完全に無視することも、どちらも問題が生じてしまいます。

　社会生活を送る上で、周りに合わせなければならない場面

PART4　北欧で暮らす私の秋

は、どうしても多いものです。しかしながら、必要以上に自分を殺してしまうと、精神的に参るものですし、個人の才能を活かせずにいれば、全体としても損失になります。

　時には周りに合わせ、時には自分の個性を発揮する。そのバランスを自分自身で試行錯誤しながら、少しずつ見出していくことが、充実した人生を送るコツであり、現代社会における私たち1人ひとりの課題なのかもしれませんね。

## ヤンテの掟、実践編

　デンマークや北欧圏において、自分の功績や有能さについて声を大にしてPRすると、少し驚かれるかもしれません。
「絶対に成功してやる！」みたいな野心も、あったとしても、あまり大っぴらにすべきものではないと考える人が多いです。
　私の体感としては、「自分で自分をPRしないと、PRするものがないと見なされ（極端に言えば）無能と見なされる」といった文化圏よりは、馴染みやすいと感じています。
　謙虚さを評価し、控えめなところに、日本と似た国民性を感じられますよね。
　例えば職場の人事評価においても、個人の功績よりも、チーム全体の成果や、ほかのメンバーとの協力や助け合いができているかに重きが置かれています。

　そのため、個人のスキルや貢献が大切なのは変わりありませんが、それは謙虚に表現すること、そしてチーム全体の成功に貢献する姿勢を持ち続けるのがポイントであるようです。

PART4　北欧で暮らす私の秋

# デンマーク発！
# ボードゲーム

**PARTNERS（パートナーズ）**

→サイコロで出た目分だけ、自分のコマを動かすというシンプルなルールと、2対2のチームで攻防する戦略性の組み合わせが楽しい、デンマークの「一家に1つ」的な定番のゲームです。

**KLASK（クラスク）**

→卓上＆磁石版エアホッケーです。シンプルかつエキサイティングで、盛り上がること間違いなしです。日本大会や世界大会も開催されているよう。

PART4　北欧で暮らす私の秋

COLUMN 4
# 楽しくするために何ができる？

　デンマークに住んで気づいたことの1つは、彼らが仕事や日常生活において「小さな楽しみ」を大切にしているということです。
　ありふれた事柄でも、自分流のちょっとした楽しみを加えることや、リラックスして物事に取り組むための工夫を自然にしている人が多いことに気づきました。

「仕事は厳しいもの」「楽しむ暇があったら、もっとストイックに向き合って生産性を上げるべきだ」と思われがちですが、むしろ**「楽しむことが高い生産性に繋がる」**のかもしれません。

　例えば、私が社内研修に参加したある日のこと。そこで目にしたのは、まるでゲーム大会のような光景でした。
　スクリーンに映し出されたクイズを見ながら、社員たちがスマートフォンやタブレットを手に、ワーワー楽しそうに騒いでいます。

これは、北欧の学校や企業でよく使われている「Kahoot!(カフート)」というものでした。
　即席でクイズ大会が開催できるプラットフォームで、参加者は各自のスマホでエントリーし（アプリ不要でとても簡単です）、自分の解答ボタンとして使うことができます。

　この日の研修では、IT部門が自分たちの仕事内容や最新プロジェクトについて4択クイズを作成していました。
　クイズの内容は、「開発にかかる平均期間は？」「最近導入されたソフトウェアの名前は？」といった業務に関するものから、「IT部門のお気に入りの社食メニューは？」といった楽しいものまでさまざま。チーム対抗で競い合いながら答えていくうちに、IT部門の苦労や工夫、どのように自部門と協力できそうか、話しかけたいときに使えそうな小ネタまで、楽しみながら効率的に情報を吸収できました。

　一見「レクリエーション」のようですが、同じ内容でも、退屈なスライドとともに一方的に紹介するよりも、ずっと部門間

の明るく気楽なコミュニケーションが促進できていました。

　必ずしも、人を巻き込む必要はなく、1人で仕事をする際においても同様です。
　例えば、私の友達は、苦手な事務作業をリズミカルにやるためのプレイリストを持っていたり、家では禁止している大好きなコーラを、職場では1日1本までOKとする自分ルールを楽しそうに守っていたりしました。

　もちろん全員が全員、ものすごく仕事を楽しみながらやっているというわけではありません。しかしながら、このように「小さな楽しみ」を入れられる余地を見つけようと、前向きに仕事に取り組み、工夫しようとする姿勢でいることが、ストレスを軽減し、高い生産性の維持に大きく役立っているように思います。

PART 5

# 北欧で暮らす私の冬

～寒さの本番、
ほっこりヒュッゲで冬ごもり～

長く暗い、厳しい冬を
心豊かに過ごすための、
コツあれこれと、「ヒュッゲ」

# 暗い冬とポケット太陽

初めて迎えた北欧の冬は想像以上に厳しいものでした。

寒さは着込めばまだどうにかなるとして、とにかく日照時間が短く、暗いのです。11月にもなると、太陽が昇るのは午前9時を過ぎ、沈むのは午後3時前。日照時間はわずか6時間ほど（しかも、だいたい曇り……）。

まるで永遠に続く夜のようで、街は暗く、人々の表情も憂鬱そう。私も例外でなく、気分が落ち込みがちになり、「これが噂の冬季うつ……!?」と不安になりました。冬季うつは北欧では人口の約10％が経験するそうで、言葉のまま、冬の間に気分の落ち込みや意欲の低下などの症状が現れる病気です。

そんな私に当時のホストファミリーがドラ○もんのようなノリで支給してくれたのが、「SAD (Seasonal Affective Disorder) ライト」。

これはいわば「ポケット太陽」。自然の日光を模倣した明

PART5　北欧で暮らす私の冬

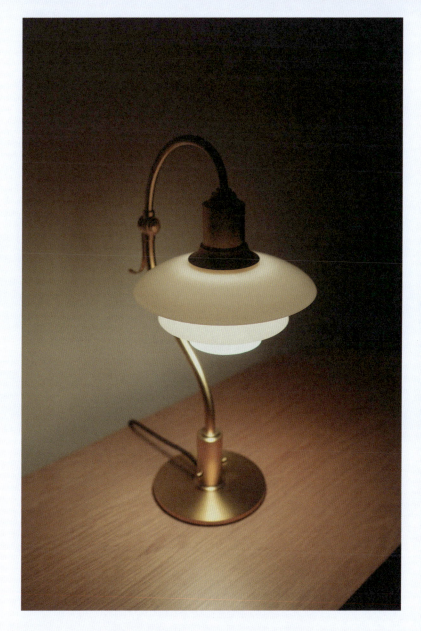

165

るい光を放出するライトで、朝この光を30分程度浴びることで、体内時計を正常に戻し、冬季うつに対抗できるというシロモノです。

「そんなことで、私のこの暗い気持ちが……?」と半信半疑ながら次の日の朝から試してみると、効果てきめん（単純）。

これまで、朝は半分寝ているような感じで過ごしていたのに、眩しい光を浴びることで自然と頭も気分もシャキッとするように。おまけに、光を浴びている時間で本を読んだり、ストレッチをしたりと、のんびりした時間を取ることが習慣となり、リラックス効果も得られました。

落ち込みがちであった気分もかなりマシになり、夜もぐっすり眠れるように。真冬以外でも早起きしたいときなどに使える、今では手放せないアイテムです。

PART5　北欧で暮らす私の冬

# ビタミンD、足りていますか？

　冬季うつに打ち勝つために、併せて必須なのがビタミンD。

　ビタミンDは本来、太陽の光を浴びることにより体内で生成され、免疫機能の調整や精神

の安定を促してくれるのですが、どうしても太陽光が不足する冬の北欧では、サプリで補うことが推奨されています。

　友人に教えてもらいながらサプリの棚を見ていて、ひときわ異彩を放っていたのが、ノルウェー国旗のついた緑色の瓶に入った「Tran（トラン）」。中身は、タラの肝臓から抽出した油！　ビタミンD・ビタミンA・ビタミンE・オメガ3脂肪酸が豊富で、ノルウェーで古くから重宝されてきたすごい油なのだそう。

　味が初心者向きではないと言われたものの、レモンやリンゴのフレーバー付きと書いてあるし、なんならおいしいかも？　と買ってみたのですが、やはり魚の油味。フレーバーにも限界がありました……。しかし、慣れるとガッといけるようになるので、冬のお守りとして、結局毎年買っています。

PART5　北欧で暮らす私の冬

# カフェで放置されたベビーカー

　北欧の国々を旅していると、カフェの前にベビーカーがポツンと置かれている光景を目にするでしょう。

　驚くのは、なんと赤ちゃんがそのベビーカーの中に乗せられたままであること。しかも周囲を見渡しても親らしき人影は見つからず、最初は「えっ、これ大丈夫なの!?」と軽くパニックになり、即座に親を探そうとしました。

　すると、一緒にいた友人がニヤニヤして「大丈夫、これは北欧名物だよ！」とのこと。

　実は北欧では、親がカフェやレストランでくつろいでいる間、赤ちゃんをベビーカーに乗せたまま外で昼寝させるのはごく一般的なこと。

　特に寒い冬に赤ちゃんを外で寝かせ、冷たくて新鮮な空気を吸わせることで、強く健康に育つと考えられています。

（ちなみに、北欧のベビーカーはとても大きくて豪華なものが多く、車輪付きのベビーベッドという感じです。赤ちゃんたちは分厚いブランケットにくるまって横になっています）。それにしても、カフェの外に赤ちゃんを放置していても心配なく、ゆっくりとカフェタイムを楽しめるとは。それだけの治安のよさと社会への信頼度の高さに驚きます。

そういえば、カフェや図書館などで作業をしているとまれに、隣に座っている見知らぬ人から、「ちょっと私の荷物、見ておいてくれない〜？」と話しかけられることがあります。彼女がトイレなどに行って戻ってきて「ありがと〜」と言われて任務完了です。

なんだか信頼されているのが嬉しくて、責任感にいちいち燃えてしまう私です。

# カウントダウンキャンドル

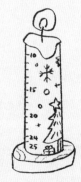
「Kalenderlys（カレンダーリュス）」とは、12月1日からクリスマスイブまでの日付が印刷された、背の高いキャンドルのこと。毎日少しずつ燃やしていき、その日の日付の目盛りまで蝋が短くなったら火を消す、というものです。シンプルですが、クリスマスが1日1日と近づいてくるのを感じられ、ワクワクします。

キャンドルってもったいなくてなかなか使えないものですが、これなら毎日心置きなく使えて、かつ長い間楽しめます。

しかしながら、私はよく、うっかり3日分くらい燃やして、地味にいつもグダグダな感じになっていました。

そのことを話すと友人が、とっておきのアイデアをくれました。彼女は毎年12月、日記を書く時間にこのキャンドルを灯すようにしているのだそう。ろうそくの光に照らされながらほっこり気分で、毎日少しずつ1年の振り返りをする。書き終えたら火を消すようにしていれば、消し忘れないのだとか。とても素敵ですよね！

# カウントダウンしまくろう

　キャンドルと合わせて人気なのが「Julekalender（ユーレカレンダー）」。これはつまり、アドベントカレンダーです。クリスマスまで毎日、日付のボックスを開けて、お菓子やおもちゃを少しずつ楽しみます。子供だけでなく、大人向けのカレンダーも多くあり、スキンケアアイテムや高級チョコが入っているものも人気です。

　私は紅茶のティーパックが毎日出てくるものを買ったことがありますが、毎朝ワクワクしながら、普段では選ばないようなフレーバーを楽しむことができました。

　カレンダーを手作りするのも、おすすめです。24枚の小さな袋に1〜24のクリスマスまでの日付を書いて、好きなものを少しずつ入れて、飾るだけ！

　何を入れようか考えるだけで、ワクワクしてきます。

# スパイス香るホットワイン

「Glogg（グロッグ）」は北欧諸国で特にクリスマスの時期に飲まれる、心も体も温まるスパイス入りのホットワインです。

クリスマスマーケットでも定番で大人気。デンマーク人にとっての「冬の香り」だそうで、この匂いがキャンドルになって売られていることもあります。甘くて飲みやすいのですが、アルコール度数が高めなので、飲みすぎに注意です。

赤ワインをベースに、スパイスやフルーツを加えて作ります。量も、適当でOKです。私はシナモンとカルダモンが好きなのでたっぷり入れます。

日本に売っているものでも簡単にできるので、ぜひチャレンジして、大切な人と楽しんでみてくださいね。

PART5　北欧で暮らす私の冬

### 材料(4人分)

赤ワイン…750㎖
ブランデー…100㎖
砂糖…50g
シナモンスティック…2本
クローブ…5粒
カルダモンの実…5粒
オレンジの皮…1/2個分
レーズン…50g
アーモンドの薄切り…50g

### 作り方

①鍋に赤ワイン、砂糖、シナモン、クローブ、カルダモンの実、オレンジの皮を入れ、弱火で温めます。
②沸騰する直前で火を止め、15分ほど蓋をして蒸らします。
③蒸らしたあと、ブランデーを加え、再び温めます。グラスに注ぎ、レーズンとアーモンドの薄切りを加えて完成です。

# クリスマスランチは7時間

　12月はじめからクリスマスまでの間に開催されるのが、「ユーレフロコスト」（クリスマスランチ）です。伝統的な料理がたくさん並び、昼から夜まで7時間ほど飲みながらワイワイおしゃべりします。

　曲者(くせもの)を2つ紹介します。まずはお酒。「スナップス」と呼ばれる、ハーブやスパイスで風味付けされた北欧の伝統的な蒸留酒が出てきます。

　これはアルコール度数が大抵40％以上あるのですが、みんなガブガブ飲むので、これでべろべろになる人が一定数出ます。

　そして、「このスナップスはうちの家に代々伝わるレシピで仕込んでみたんだ」なんて言いながら、お手製のものを持ってきて振る舞ってくれたりするため、大変断りにくいのが難点です。

もう1つの曲者は、デザートのライスプディング（ミルク粥）。これは、米を牛乳と砂糖で煮たもので、「米を甘く煮るだと……!?」と最初は若干の抵抗を感じますが、慣れるとすごくおいしいです。ライスプディングに砕いたアーモンドがたくさん入った「リスアラマン」がクリスマスの定番で、中に丸ごと1粒入ったアーモンドを見つけた人が小さなプレゼントを受け取るというお楽しみがあります。

　私はデンマークに来たばかりのころ、このルールを知らずアーモンドを粉々に噛み砕いてしまったため、当選の証明ができず、プレゼントは受け取れませんでした。

# 年越しの必須TODO

　大晦日の夕方18:00、デンマークの家庭ではテレビの前に集まり、女王マルグレーテ二世（2024年1月に退任）のスピーチを拝聴します。このスピーチは、女王がその年の社会的な出来事を振り返り、国民を励ますといった内容で、10分間程度。最後に、女王が「Gud Bevare Danmark（神よデンマークを守りたまえ）」と締めくくる言葉に合わせて、家族や友人と乾杯をし、夕食を楽しみはじめます。

　年越し直前は、カウントダウンがはじまるとみんないそいそと椅子やソファに上りはじめ……、新年を迎える瞬間に高いところから「ジャンプ」！「ジャンプ・イントゥ・ザ・ニュー・イヤー」と呼ばれており、これは去年の悪い出来事や運を振り払い、新たな年をポジティブに迎えるという意味が込められています。

　ジャンプして空中ではじめる新年、なんだか楽しい１年になりそうで真似したくなりませんか？

# 恐怖のアマチュア花火大会

　そうして迎えるデンマークでの新年。穏やかでヒュッゲな時間を……と思いきや、カウントダウン終了後、たちまち近所中のあちらこちらで爆音が鳴りはじめます。これこそ、デンマークの新年名物「アマチュア花火大会」のはじまりです。

　これは近所の人々が各自、大型の花火を好き好きに打ち上げまくるという、シンプルでありながらカオスなイベントであり、静かだった夜空はたちまち戦場と化します。

　家の外に出るのであれば、目を守るゴーグルを着用することを強くおすすめします。年末からこの日のために花火を買い込んでいるアマチュア花火師たち（何十万円も使う人も結構いるとか）は、必ずしも花火の取り扱いが万全とは限りません。予期せぬ方向に飛んでいく花火や、爆発するタイミングを見誤ることがあります。ペットたちは恐怖で震え、赤ちゃんは泣き叫び、大人たちは耳を塞ぎます。

　しかしながら、デンマーク人たちはそれでも、このカオスを楽しみ、笑い合い、翌年の新年もまた同じように迎えるのです。スリルとともに見上げる花火は、だけどやっぱり綺麗でした。

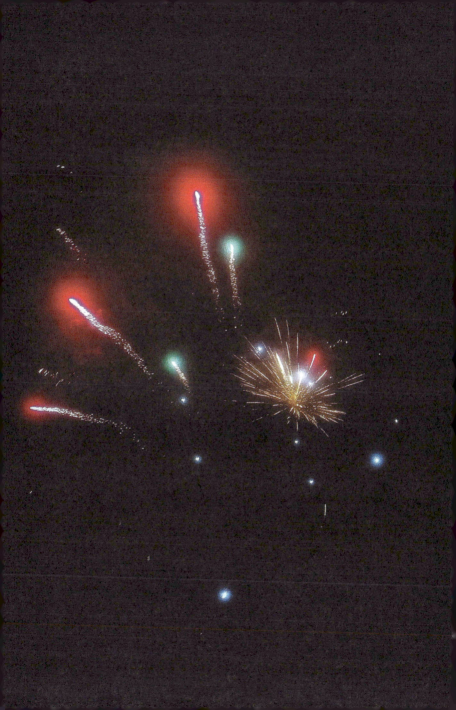

COLUMN 5
# 私にとっての「ヒュッゲ」とは

　ここまで、24時間と春夏秋冬のテーマで「住んでみないと知ることはないかも？」といった感じの地味目なトピックについてお伝えしてまいりましたが、最後に、世界でもバズワードとなったデンマークのユニークな概念「ヒュッゲ」についてお話ししたいと思います。

「ヒュッゲ」とはデンマーク語で「居心地のよさ」や「快適さ」を意味する言葉で、日常生活の中で感じる温かさや幸福感を表現する概念です。

　私が「北欧の暮らしについての本を書いているのだけど、なんかネタちょうだい」と何気なく友人に聞いたところ、この、ヒュッゲについてすごく大切な話をしてくれました。
　彼女が教えてくれたのは、「ヒュッゲ」という言葉が世界中で注目を集めて久しいけれど、その本質は意外にもシンプルで身近なものである、ということです。
　彼女曰く、SNSで見かける「テンプレヒュッゲ」（ホットチョコレート、ブランケット、暖炉といったイメージ）は確か

にヒュッゲの一面を表していて、この言葉が広がっていくのはデンマーク人として誇らしいことだけれど、同時に、これがすべてでないことも伝わってほしい。

ヒュッゲに特定のモノは必要ないし、努力も必要ないし、おしゃれである必要もない。

むしろ、ヒュッゲの真髄は「すでにあるものに満足して、日常生活をひっそりと祝うこと」にあり、それは、不完全でよくて、気を抜いてリラックスしていることが許される空気感にあると私は思っている、とのこと。

確かに、私も発信していてたびたび感じるのですが、ヒュッゲとSNSの相性はあまりよくないかもしれません。

ヒュッゲは、どちらかと言えば個人的で内向的な体験。「この私のヒュッゲな状況、いいでしょ？」と人の目を意識しはじめると、ヒュッゲさは損なわれちゃうかもね、という話になりました。

とはいえ、彼女が言いたいのは、流行の「ヒュッゲ」にケチをつけたいわけではなく、「特定のイメージに囚われることな

く、もっと自由に、気楽に身近にヒュッゲを楽しんでほしい」ということです。

「ヒュッゲが疲れるものや、一過性のものとして飽きられてしまうのが悲しい。ヒュッゲはそれ以上のものだと私は信じている。ヒュッゲは、人それぞれが心地よいな、幸せだなと感じる瞬間のことであって、その解釈や条件は1人ひとり違っていて当たり前。そしてこの寛容さこそが、ヒュッゲという概念の大きな魅力の1つ。その自由さがもっと伝わってほしい、皆がもっとヒュッゲする世の中になってほしいから」とのことでした。

結局のところ、ヒュッゲは特別なものを求めるのではなく、日常の中にある小さな幸せを見つけ、それを大切にする心持ちなのかもしれません。

それは、完璧を目指すのではなく、今ここにある不完全さも含めて、自分の生活を受け入れ、愛おしむことです。

この本を通じて、北欧の日常生活の一端をお伝えしてきましたが、あなたにとっての「ヒュッゲ」は北欧に住んでいなくて

も、いつも通りの何気ない毎日の暮らしの中や、身近なところにあるはずです。**それは、朝のコーヒーを飲みながら窓から差し込む陽の光を感じる瞬間かもしれません。あるいは、大切な人と過ごす何気ない会話の中にあるかもしれません。忙しい日々の中で、ふと立ち止まって深呼吸をする時間かもしれません。**

　ぜひ、あなた自身の日常の中にある「ヒュッゲ」な瞬間を見つけてみてください。それは、誰かと比べるものでも、満たすべき条件があるものでもありません。ただ、あなた自身が心地よいと感じる、かけがえのない時間なのです。そして、それを大切に育んでいってください。きっと、そこにあなたらしい幸せが待っているはずです。

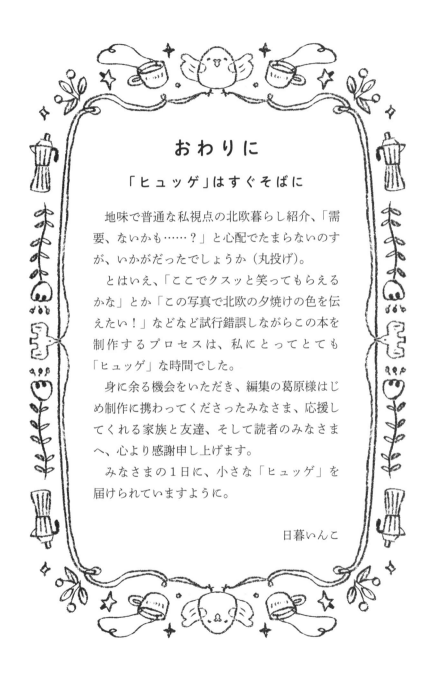

## おわりに

### 「ヒュッゲ」はすぐそばに

　地味で普通な私視点の北欧暮らし紹介、「需要、ないかも……？」と心配でたまらないのですが、いかがだったでしょうか（丸投げ）。

　とはいえ、「ここでクスッと笑ってもらえるかな」とか「この写真で北欧の夕焼けの色を伝えたい！」などなど試行錯誤しながらこの本を制作するプロセスは、私にとってとても「ヒュッゲ」な時間でした。

　身に余る機会をいただき、編集の葛原様はじめ制作に携わってくださったみなさま、応援してくれる家族と友達、そして読者のみなさまへ、心より感謝申し上げます。

　みなさまの1日に、小さな「ヒュッゲ」を届けられていますように。

日暮いんこ

幸せな国・デンマークでの気ままな生活
### 北欧、暮らしてみたらこんな感じでした

2024年10月31日　　初版発行

著　者……日暮いんこ
発行者……塚田太郎
発行所……株式会社大和出版
　　　東京都文京区音羽1-26-11　〒112-0013
　　　電話　営業部 03-5978-8121 ／編集部 03-5978-8131
　　　https://daiwashuppan.com
印刷所／製本所……日経印刷株式会社
装幀者……日暮いんこ

本書の無断転載、複製（コピー、スキャン、デジタル化等）、翻訳を禁じます
乱丁・落丁のものはお取替えいたします
定価はカバーに表示してあります

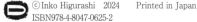
ⓒ Inko Higurashi　2024　　Printed in Japan
ISBN978-4-8047-0625-2